Mit Bildern lesen lernen!

Liebe Eltern,

Bilder sind viel einfacher zu lesen als Wörter und Sätze.
Wenn in einer Geschichte Wörter durch Bilder ersetzt sind,
werden gerade Leseanfänger leichter zum Anschauen und
Lesen verlockt.

Ein schönes Lesespiel: Sie lesen den Text, Ihr Kind sagt
jeweils das Wort für das Bild – und lernt dabei etwas ganz
Wichtiges: Lesen heißt immer auch überlegen, was als näch-
stes Wort folgen könnte.

Aber auch für Kinder, die schon alleine lesen wollen,
sind die übersichtlich gegliederten Geschichten eine
geeignete Herausforderung. Die eingestreuten Bilder
helfen beim Lesen. Und auf den Suchbildern am Ende jeder
Geschichte finden die Kinder eine spielerische
Auflösung: die im Text verwendeten Bilder und die
dazugehörigen Begriffe.

Prof. Dr. Manfred Wespel,
lesedidaktischer Berater des
KÄNGURU-Programms

Henriette Wich

Kunterbunte Gruselgeschichten

Mit Bildern von Michael Wrede

arsEdition

Die Deutsche Bibliothek – CIP-Einheitsaufnahme

Kunterbunte Gruselgeschichten / Henriette Wich.
Mit Bildern von Michael Wrede. - München : Ars-Ed., 2002
 (Känguru : Mit Bildern lesen lernen)
 ISBN 3-7607-3879-6

Lesedidaktische Beratung: Prof. Dr. Manfred Wespel

1. Auflage 2002

Titelbild und Innenillustrationen: Michael Wrede
Titelvignette: Carola Holland
Einbandkonzeption: Ralph Bittner
ISBN 3-7607-3879-6

www.arsedition.de

Inhalt

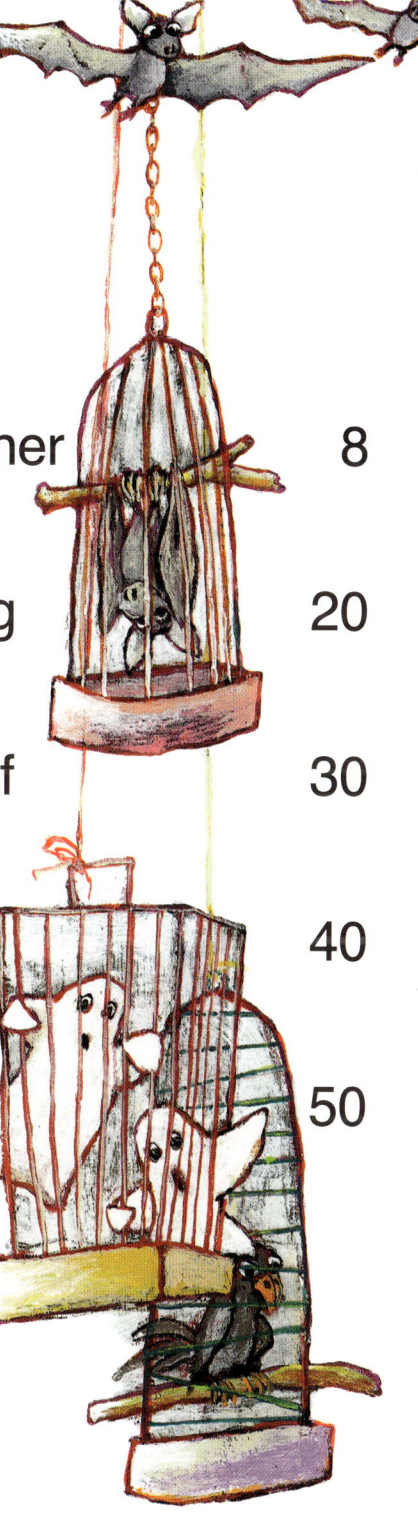

Ein gefährlicher Einbrecher

Pia  schreckt um ⏰

aus dem 🛏 hoch.

In der 🏠 hat es laut geknallt.

Bestimmt ein !

Wie gut, dass  als

ihre  immer bei sich hat!

 steht auf und lauscht an der .

Da, der   scharrt mit etwas

über glatte  .

Aha, er ist also in der .

O nein! Dort ist im

ganz viel .

Ob  Mama  und

Papa  wecken soll?

Nein, **sie** ist doch die  !

Und sie ist näher bei der

als  und  .

 denkt: „Ich bin jetzt wild und

mutig wie Monster Qualle ."

 nimmt 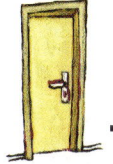 mit.

Dann öffnet sie leise die  .

Ganz vorsichtig schleicht

hinüber zur  .

11

Auf einmal ist der

mucksmäuschenstill.

Hat der  sie gehört?

 traut sich kaum zu atmen.

Mutig lugt sie in die

und knipst schnell die  an.

Doch die  ist völlig leer!

 leuchtet den  ab.

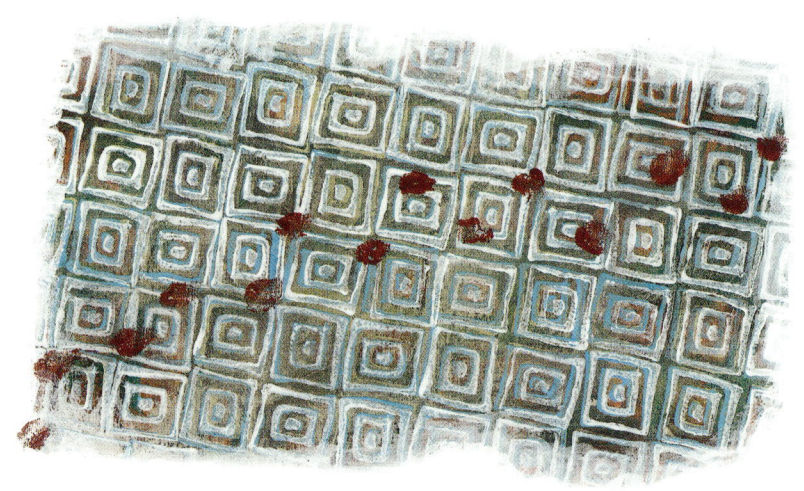

Da sind ja winzige braune !

Aha, der  ist

durch den  gekommen.

Seine  sind dreckig geworden.

Ob der

auf  gegangen ist?

 verfolgt die  mit der  .

Sie führen direkt ins  .

 grübelt: Ja, so kann sie

den  monsterleicht erschrecken!

 macht die  aus

und tastet sich zur offenen  .

Ihre  sind weich wie  .

Sie wirbelt mit blinkender

und  ins  und brüllt:

„Huhu, hier kommt !"

„Miau!", macht der .

 bleibt wie angewurzelt stehen.

Der  ist ihre !

Die  verputzt gerade genüsslich

eine , die sie

aus der  geklaut hat.

„Komm her, du gefährlicher ",

lacht  und streckt die  aus.

„Miau!", macht die  und springt.

Spuren

Bett

Zehenspitzen

Geld

Beine

Tür

Mama

Boden

Pudding

Mitternacht

Garten

Wohnzimmer

Arme

 Fliesen

 Taschenlampe

 Wohnung

 Katze

 Schrank

 Pia

 Schuhe

 Detektivin

 Papa

 Einbrecher

 Schokotorte

 Monster Qualle

 Küche

Die Kürbis-Überraschung

Von der  schlägt es 12.

Die und flattern

aus der auf den .

Sie wollen jagen.

Vladimir  ist neu dabei.

Er hat als Einziger orangefarbene  .

Die  finden orange  toll.

Aber die  lachen: „Blöder !"

 versteckt die orangefarbenen

unter seiner lila  .

Da fliegt ein  zu ihm hin

und flüstert ihm etwas ins .

 nickt und lüftet die .

Er folgt den  in den .

Mit  kommen sie wieder heraus.

„Was wollt ihr denn mit dem ?",

fragt ein .

Aber die  fliegen einfach

mit  davon.

Der  knirscht mit den  :

„Ich glaub, mein  quietscht.

Kommt, wir verfolgen die !"

Die  düsen hinterher.

Sie sind schnell wie der .

Plötzlich verschwinden die

in einem dunklen  und sind weg.

Die  irren im  herum.

Endlich sehen sie leuchtende .

Sie kommen bei einer  heraus.

Aber wie sieht die  aus!

 leuchtet an .

 schwirren mit  umher.

Die  flitzen

mit ihren  im herum.

Sie winken  zu.

 fährt mitten im .

Er sieht aus wie ein echter .

Heute ist Halloween!

„Ich will auch mitten in den ",

sagt ein  .

„Wir auch!", rufen die anderen .

Da fragt ein  :

„Ich dachte, ihr mögt keinen  ?"

„Quatsch", behaupten die  .

Doch ihre  werden rot wie  .

Das  grinst: „Kommt endlich!"

Vladimir

Skatebahn

Haare

Rucksäcke

Kürbis

Köpfe

Kapuze

Fackeln

Vampirjungen

Kreis

Park

Gespenster

Fledermäuse

Skates

Fangzähne

Schule

Sarg

Hof

Blitz

Turmuhr

Schuppen

Vampirmädchen

Ohr

Blutorangen

Der verzauberte Bahnhof

Mareike  rennt

hinter ihren  her.

Sie müssen schnell zum  .

Gleich geht der  nach  .

 freut sich schon

auf ihren italienischen Onkel  .

Die  hasten zum

der  .

Vor dem  hängt ein .

Da ist der  auf einer !

„Seht mal", sagt .

Doch ihre  sind weg.

 guckt erschrocken

auf die .

Die  stehen auf 10 vor 12.

32

Und um  12 fährt der  ab!

Nur von welchem  ?

Aus dem  dröhnt etwas,

das   nicht versteht.

Eine schwarze  streift vorbei.

Und wo kommt die alte   her?

 zuckt zusammen.

Die  riecht nach .

Sie starrt auf das .

Dann starrt sie  an.

 rieselt es kalt wie

den  hinunter.

Da ruft die :

„Verflixt, wo geht es nach ?"

„Das  such ich auch",

rutscht es  heraus.

„Ich helf dir", sagt die .

Sie nimmt  an der .

Die  stehen schon auf vor .

„Jetzt muss ich mit!", denkt  .

Die  fragt in der  nach.

Dann saust sie mit

zum richtigen  .

Die  winken wie verrückt.

„Vielen Dank!", sagen sie zu der  .

Doch die  meint nur:

„Eine böse  hatte mich

vor einem  festgezaubert.

Eine gute  hat mich befreit."

Dabei zwinkert sie  zu.

Da pfeift der .

Schnell springen alle in den .

Bahnhof

Katze

Lebkuchen

Gleis

Zeiger

Frau

Uhr

Hexe

Eingang

Schalterhalle

Mareike

Gondel

Lautsprecher

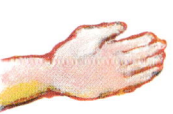

Hand

Venedig

Eltern

Rücken

Onkel

Schaffner

Zug

Schneeflocken

Plakat

Hilfe, ein Waldgeist!

Schlotti  spielt

mit ihrem großen Bruder Oskar

Verstecken im .

Erst wenn die -mal schlägt,

dürfen sie zurück zur .

Dann heulen  und

mit den anderen

den  ◯ an.

Aber jetzt muss

nach  suchen.

Im  ist es stockdunkel.

Von einem  klatschen 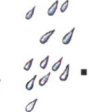.

Was hat  mal erzählt?

Wenn es regnet, kommen die

und entführen kleine

in ihre dunkle .

 fängt an zu zittern.

Da streicht etwas an  vorbei.

Ein  ? Nein, nur eine  .

Da, eine  !

Nein, es war nur ein  .

Aber jetzt kommt ein riesiger

auf  zu.

Das ist bestimmt ein  !

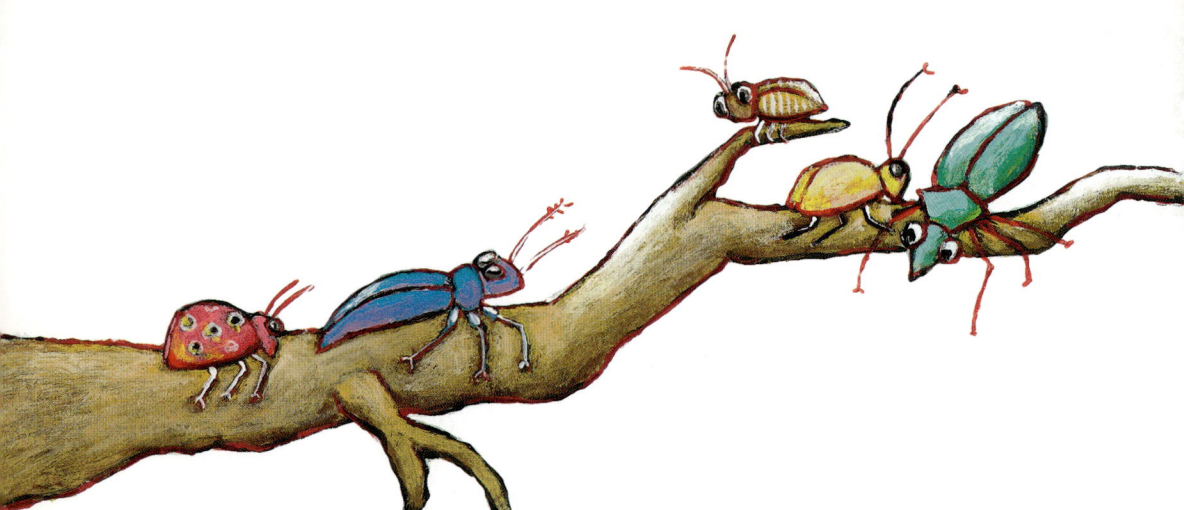

Was soll  nur tun?

Sie starrt auf das  am  .

Da krabbeln überall  .

 lieben 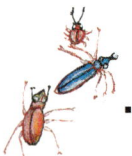 .

Sie tragen sie als  .

Vielleicht kann

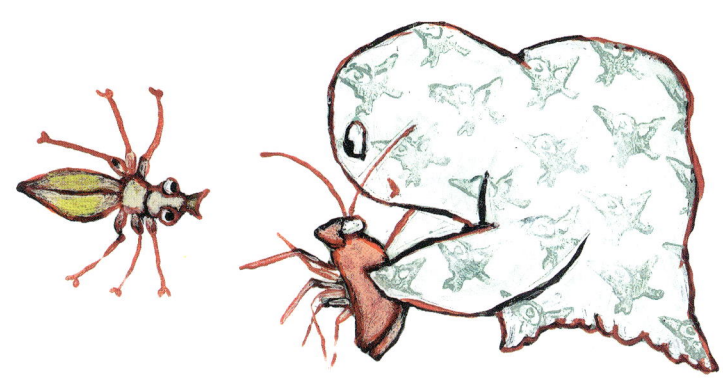

die 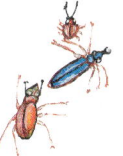 damit von sich ablenken.

 sammelt lauter

und legt sie auf einen .

Hoffentlich greift der  danach!

Plötzlich hört  ihn schreien.

„Das kitzelt!", brüllt der  .

Es ist gar kein  ,

es ist  !

Er wollte  nur erschrecken.

 schwebt zu ihm hin.

 ist voller  .

„Bitte, befrei mich!", ruft 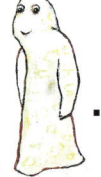 .

Da schlägt die  -mal.

„Später", sagt  .

46

„Wir müssen zurück zur  ."

Alle  heulen den  an.

Ein  heult besonders laut.

Es ist  .

Ruine

Moos

Vollmond

Schlotti

Ketten

Boden

Knochenhand

Wald

Gespenster

Glocke

Waldgeister

Eule

Ast

Schatten

Käfer

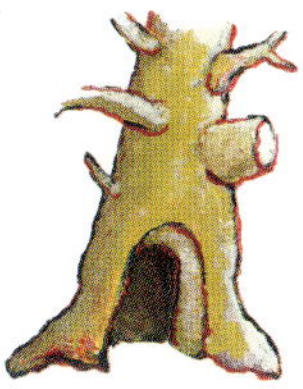

Oskar

Regentropfen

Baumhöhle

Ritter im Anmarsch

Lutz  darf endlich mal

bei Oma übernachten.

hat eine tolle

mit kleinen und .

 ist Raubritter Draco

und kämpft wie ein wilder .

 ist sein zartes .

Sie spielt so lange mit ,

bis er müde ins  fällt.

„Heute kommen noch Gäste “,

sagt sie zu .

Da klingelt es schon an der 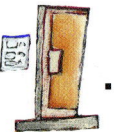.

 geht runter zu den .

Die  reden und lachen laut.

 fühlt sich so einsam

wie  ohne  .

Von der  gegenüber

schlägt es 9-mal.

 wälzt sich im  herum.

Es schlägt 10-mal, dann 11-mal.

 kann einfach nicht schlafen.

Er knipst die  an.

Was  wohl macht,

wenn er schlaflos im  liegt?

Um   poltert es vor der  .

 holt zitternd  und

und versteckt sich unter der .

Knarrend geht die  auf.

 späht unter der  durch

und erkennt riesige  .

Hilfe, ein echter  !

Da dröhnt der  :

„Ist  noch wach?"

 hebt die  ein wenig

und starrt auf die  der .

Sie haben  als .

 guckt höher.

Einer trägt eine  als .

 guckt noch höher.

Da ist ja auch ein  !

Sie hat einen auf.

Gehört der nicht  ?

 hat sich als  verkleidet.

Und die  sind ihre  .

 springt aus dem  .

„Welcher  will zuerst

mit kämpfen?"

Lutz

Schwert

Banane

Bett

Lampe

Bettdecke

Schild

Kirche

Beinschienen

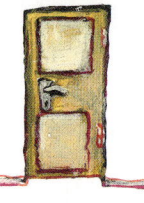

Tür

Burgfräulein

Drache

Ritterburg

Alufolie

Ritter

Haustür

Stiefel

Trichter

Oma

Raubritter Draco

Beine

Gäste

KÄNGURU

So macht Lesenlernen richtig Spaß – mit Büchern, die auf die unterschiedlichen Lernphasen zugeschnitten sind: 4 Lernschritte, 4 Buch-Reihen.

3. Lesestufe ab 7 Jahre

»Erste Geschichten

- Klare Textgliederung als Lesehilfe
- Große Fibelschrift
- Viele farbige Illustrationen

2. Lesestufe ab 6 Jahre

»Bildergeschichten zum Lesenlernen«

- Eine abgeschlossene Geschichte in Bildern
- Leicht lesbare Fibelschrift
- Großes Format

1. Lesestufe ab 5 Jahre

»Mit Bildern lesen lernen«

- Kurze lustige Geschichten mit einfachem Text
- Bilder ersetzen Namenwörter
- Sehr große Fibelschrift
- Fünf doppelseitige Suchbilder

»Kinder werden dann zu begeisterten Lesern, wenn Buch und Lese-entwicklung zusammenpassen.«

Prof. Dr. Manfred Wespel, lesedidaktischer Berater des KÄNGURU-Programms

Inhalt: spannend, lustig, interessant.

»Leseabenteuer in Farbe«

- Bekannte AutorInnen / IllustratorInnen
- Viele farbige Illustrationen
- Große Schrift

  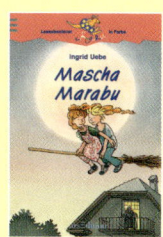

zum Selberlesen«